mon dico thématique

20 THÈMES, 20 HISTOIRES, UN DICO, DES CHERCHE ET TROUVE ET 200 AUTOCOLLANTS !

NIVEAU PRÉSCOLAIRE

© Les Éditions Coup d'œil
Premier trimestre, 2012

Couverture : Katia Senay
Graphisme et mise en pages : Katia Senay, Marjolaine Pageau,
                              Chantal Morisset, Sophie Binette
Rédaction : Marilou Charpentier, Caroline Coutu

Images : Shutterstock

Imprimé en Chine

ISBN : 978-2-89690-148-7

mon dico thématique

20 THÈMES, 20 HISTOIRES, UN DICO, DES CHERCHE ET TROUVE ET 200 AUTOCOLLANTS !

NIVEAU PRÉSCOLAIRE

Les Éditions
Coup d'œil

Coquillage

Marmotte

Poisson

Moulin

Voilier

Ce dico thématique appartient à

Table des matières

Au parc

Dictionnaire

AMI nom masculin

Personne que l'on aime bien et qui nous aime aussi.

ARBRE nom masculin

Plante très haute qui a des racines, un tronc, des branches et des feuilles.

BAC À SABLE nom masculin

Endroit où on peut jouer avec du sable.

BALANÇOIRE nom féminin

Siège suspendu à l'aide de deux chaînes qui permet de se balancer.

BALLON nom masculin

Grosse balle qu'on peut lancer avec la main ou frapper avec le pied.

BANC nom masculin

Siège, avec ou sans dossier, où plusieurs personnes peuvent s'asseoir en même temps.

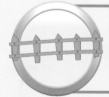

BARRIÈRE nom féminin

Plusieurs morceaux de bois ou de métal qui, ensemble, ferment un passage, servent de clôture.

BASCULE nom féminin

Long morceau de bois, en équilibre au centre, et sur lequel se balancent deux personnes assises.

BUISSON nom masculin

Groupe de petits arbres sauvages qui sont très près les uns des autres.

CERCEAU nom masculin

Cercle de bois ou de plastique avec lequel on peut jouer.

CERF-VOLANT nom masculin

Morceau de tissu que l'on fait voler dans le ciel en tirant contre le vent avec une ficelle.

CORDE À DANSER nom féminin

Jeu qui consiste à sauter au-dessus d'une corde que l'on fait tourner.

COURIR verbe

Se déplacer rapidement en se servant de ses pieds.

CRÈME GLACÉE nom féminin

Dessert froid fait à partir de lait, de sucre et d'œufs.

HERBE nom féminin

Petite plante verte qui pousse sur le sol dans les prés et les jardins. Il y a aussi des herbes qui vivent dans l'eau.

JOUER verbe

Faire quelque chose seulement pour s'amuser.

OISEAU nom masculin

Petit animal qui a un bec et des plumes. Il peut voler.

PARC nom masculin

Grand terrain où il y a des installations qui permettent aux gens de s'amuser, de se reposer ou d'apprendre des choses sur la nature.

PELLE nom féminin

Outil avec un manche et une partie profonde qui sert à ramasser la terre, le sable, la neige, etc.

SEAU nom masculin

Contenant avec une poignée en forme de demi-cercle. Il sert à transporter des liquides, comme de l'eau.

Au parc

Cherche et trouve
les objets dans la scène.

Cerceau

Corde à danser

Banc

Bascule

Balançoire

Cerf-volant

Crème glacée

Ballon

Arbre

Oiseau

Seau

Pelle

Oiseau

Cerf-volant

Crème glacée

Ami

Courir

Jouer

Bac à sable

Seau

Buisson

12

#

Aujourd'hui, Chloé et Julianne ont rendez-vous au

avec leur Christophe. Elles ont très hâte de le

voir, parce qu'il leur a promis de les laisser

avec son . Lorsqu'elles arrivent au parc,

Christophe leur explique qu'elles doivent très

vite pour que le cerf-volant aille voler près de l' .

Chloé essaie en premier, mais le cerf-volant tombe dans

un  . Julianne essaie aussi, mais il tombe

dans le  , juste à côté d'un .

Julianne et Chloé sont très tristes, alors Christophe leur

achète une . Quel bon ami !

Au parc

Il faut couper l'<u>herbe</u> souvent parce qu'elle pousse tout le temps.

Un <u>ballon</u> de soccer est rond, un <u>ballon</u> de football américain est ovale.

Tous les <u>arbres</u> ne perdent pas leurs feuilles en automne. Pense à ton sapin de Noël !

Au Québec, il y a deux festivals internationaux de <u>cerfs-volants</u> : le Saint-Honoré dans l'Vent à Saint-Honoré et le Festi-Vent sur glace à Saint-Placide.

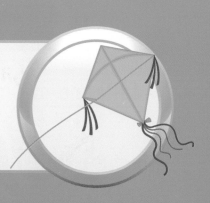

On appelle un « cerf-voliste » quelqu'un qui fait voler un cerf-volant.

La crème glacée est faite à partir de lait et le sorbet à partir d'eau et de sucre.

Si tu aimes les oiseaux, tu pourras en observer diverses espèces dans le parc près de chez toi.

Les grains de sable sont assez légers pour être transportés par le vent et l'eau.

Dans la mer

ANCRE nom féminin

Objet lourd qui empêche un bateau de bouger.

ANGUILLE nom féminin

Poisson très long et gluant qui a de petites nageoires.

BATEAU nom masculin

Moyen de transport qui permet de se promener sur la mer.

BULLE nom féminin

Enveloppe d'eau, en forme de boule, qui contient de l'air.

COQUILLAGE nom masculin

Coquille qui protège les animaux qui vivent dans la mer en leur servant de maison.

CORAIL nom masculin

Animal primitif formé de branches, qui vit en groupe dans le fond de la mer.

CRABE nom masculin

Animal qui appartient à la famille des crustacés et qui possède une paire de grosses pinces.

DAUPHIN nom masculin

Mammifère qui vit en bande et qui se nourrit de poissons.

EAU nom féminin

Liquide transparent et sans couleur, qui ne goûte rien et ne sent rien.

ÉTOILE DE MER nom féminin

Animal qui possède au moins cinq bras et qui vit dans le fond de l'océan.

HIPPOCAMPE nom masculin

Petit poisson de mer qui ressemble à un cheval.

HUÎTRE nom féminin

Être qui vit dans une coquille et qui fabrique des perles.

MÉDUSE nom féminin

Animal marin gélatineux et transparent, qui a plein de tentacules qui ressemblent à de longs bras mous.

PALME nom féminin

Nageoire comme celle des poissons qu'on porte au pied pour nager plus vite.

PIEUVRE nom féminin

Animal marin qui possède une grosse tête et huit bras. Elle peut lancer de l'encre pour se défendre.

PLONGEUR nom masculin

Personne qui explore le fond de la mer à la nage.

POISSON nom masculin

Animal muni de nageoires qui vit dans l'eau.

RAIE nom féminin

Poisson aplati, en forme de losange, qui vit dans le fond de la mer.

REQUIN nom masculin

Gros poisson très fort qui a une nageoire sur le dos et qui mange d'autres poissons.

TRÉSOR nom masculin

Objet qui a beaucoup de valeur et qui est gardé ou caché précieusement.

Dans la mer

Cherche et trouve
les objets dans la scène.

Trésor

Anguille

Hippocampe

Raie

Requin

Plongeur

Étoile de mer

Coquillage

Dauphin

Bateau

Corail

Pieuvre

Anguille

Crabe

Palme

Raie

Pieuvre

Requin

Bateau

Poisson

Huître

Trésor

Marco aime bien nager dans la mer. Il voit une ,

un , une et même un .

Marco nage vite avec ses . Attention ! Ne fonce

pas dans l' . Mais que voit-il au fond de la mer ?

Un ! Un vrai bateau de pirates ! Tout excité,

Marco se met à nager très vite et fait peur à un ,

qui va se cacher derrière une . Après quelques

minutes, Marco arrive près du bateau et là, il découvre le

plus gros de pirates qu'il n'a jamais vu.

Vraiment, il est très chanceux !

Dans la mer

Si l'_eau_ n'existait pas, tu ne pourrais pas vivre.

Certaines _étoiles de mer_ peuvent se fabriquer un nouveau bras si elles en perdent un.

Tu peux trouver plein de _coquillages_ en marchant sur la plage.

Tu peux fabriquer tout plein de _bulles_ dans ton bain si tu utilises du bain moussant.

Les requins ont plusieurs rangées de dents qui n'arrêtent jamais de pousser.

Si tu veux devenir plongeur, tu dois suivre des cours afin d'éviter les accidents.

Les dauphins sont des animaux très sociaux et faciles à dresser.

Avant que les avions existent, les gens voyageaient par bateau s'ils voulaient se rendre sur un autre continent.

Dictionnaire

ÂNE nom masculin

Animal qui ressemble à un petit cheval gris avec de grandes oreilles.

CANARD nom masculin

Oiseau qui vit sur l'eau et qui a un grand bec et des pattes qui l'aident à nager.

CHEVAL nom masculin

Grand animal qui a une crinière et des sabots. On peut le monter et il court très vite.

CHÈVRE nom féminin

Petit animal à cornes qui est très bon pour sauter et grimper.

COCHON nom masculin

Animal rose plutôt petit qui a une queue en tire-bouchon et un nez aplati, nommé « groin ».

COQ nom masculin

Oiseau qui est le papa des poussins. Il a une crête rouge sur la tête et il chante « cocorico » le matin.

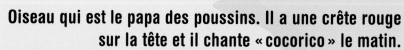

ÉPOUVANTAIL nom masculin

Objet qui ressemble à une personne et qu'on plante dans un champ ou un jardin pour faire peur aux oiseaux.

FERMIER nom masculin

Personne qui fait pousser les légumes et qui s'occupe des animaux sur la ferme.

FOIN nom masculin

Herbe coupée et séchée qui sert de nourriture aux animaux comme le cheval.

FOURCHE nom féminin

Outil qui a un long manche et plusieurs dents. Il sert souvent à ramasser le foin.

GRANGE nom féminin

Bâtiment dans lequel est rangé le foin et les autres légumes récoltés.

MANGEOIRE nom féminin

Objet dans lequel le fermier met la nourriture pour les animaux.

MOULIN nom masculin

Bâtiment dans lequel on transforme le blé en grains et en farine.

MOUTON nom masculin

Animal au poil frisé et épais qui sert à fabriquer la laine.

OIE nom féminin

Grand oiseau blanc ou gris qui a un long coup, en plus d'un bec et des pattes palmées comme le canard.

POULE nom féminin

Oiseau qui a de petites ailes, qui ne peut pas voler et qui fabrique les œufs.

POUSSIN nom masculin

Petit oiseau jaune qui est le bébé de la poule et du coq. Avant de naître, il grandit dans un œuf.

PUITS nom masculin

Grand trou creusé dans la terre qui permet d'avoir de l'eau grâce à un seau qu'on descend et qu'on remonte à l'aide d'une corde.

TRACTEUR nom masculin

Gros véhicule qui sert à travailler dans le champ ou à tirer d'autres véhicules lourds qui n'ont pas de moteur.

VACHE nom féminin

Grand animal qui a souvent des taches et qui fabrique le lait. La vache est la maman du veau.

À la ferme

Cherche et trouve
les objets dans la scène.

Cheval

Chèvre

Grange

Épouvantail

Vache	**Fermier**	**Mouton**	**Cochon**

Coq	**Canard**	**Oie**	**Moulin**

Grange

Âne

Vache

Cheval

Chèvre

Mouton

Cochon

Poule

Canard

Oie

28

Catastrophe ! Tous les animaux de la ferme se promènent

en liberté. La bavarde avec le ,

l' se cache près de la  et la

marche dans le champ. Léo, le fermier, doit absolument

tous les ramener dans leur enclos. Heureusement, il sait

comment les attirer : une carotte pour le , de la

bonne pâtée pour le et de l'herbe pour

la  Avec de la nourriture, Léo réussit très

vite à retrouver tous les animaux, même l'  et

le !

À la ferme

Le savais-tu ?

La **chèvre** donne du bon lait qui peut aussi être transformé en fromage.

Les **poules** communiquent avec leurs poussins pendant qu'ils sont encore dans leurs œufs.

La **vache** est la femelle du taureau.

Pour t'endormir, tu peux compter les **moutons**.

Les <u>oies</u> sont les cousines des cygnes.

Sur la ferme, c'est le chant du <u>coq</u> qui réveille les habitants.

Le cri du <u>cheval</u> est le hennissement.

Ce ne sont pas tous les œufs qui contiennent un <u>poussin</u>. Il n'y en a pas dans ceux que tu manges.

Dans la jungle

Dictionnaire

APPAREIL PHOTO nom masculin

Objet qui permet de prendre des photos.

CROCODILE nom masculin

Animal qui a de petites pattes et une grande bouche pleine de dents. Il vit dans l'eau où il fait chaud.

ÉLÉPHANT nom masculin

Très gros animal qui a une trompe, des grandes oreilles et des cornes appelées « défenses ».

GIRAFE nom féminin

Animal qui a un grand cou et une fourrure avec des taches.

GRIMPER verbe

Monter en s'accrochant avec ses mains et ses pieds.

HIPPOPOTAME nom masculin

Gros animal qui a une peau grise épaisse et de petites oreilles. Il passe beaucoup de temps dans l'eau.

HUTTE nom féminin

Maison construite avec de la paille, des branches d'arbres et de la terre.

KOALA nom masculin

Petit animal qui vit dans les arbres en Australie et qui ressemble à un ours.

LIANE nom féminin

Plante souple et mince comme une corde. Elle pousse en grimpant.

LION nom masculin

Animal sauvage à grosse crinière qui ressemble à un grand chat et qui rugit.

PANTHÈRE nom féminin

Animal de la même famille que les chats. Il est noir ou tacheté.

RAMPER verbe

Avancer en se traînant sur le ventre comme un serpent.

RHINOCÉROS nom masculin

Gros animal gris qui vit en Afrique. Il a une ou deux grosses cornes sur le front.

SAFARI nom masculin

Voyage que les gens font en Afrique pour chasser ou pour photographier des animaux sauvages.

SERPENT nom masculin

Animal de la famille des reptiles qui n'a pas de pattes et qui a la peau couverte d'écailles.

SINGE nom masculin

Animal qui a du poil partout, sauf sur le visage, une longue queue et des mains à cinq doigts qui lui permettent de prendre des choses ou de s'accrocher aux branches.

TIGRE nom masculin

Animal qui ressemble à un gros chat avec des rayures noires sur un pelage orangé ou blanc.

TROUPEAU nom masculin

Groupe de plusieurs animaux identiques qui vivent ensemble.

VOLCAN nom masculin

Montagne qui peut cracher de la fumée et de la roche fondue brûlante appelée « lave ».

ZÈBRE nom masculin

Animal noir avec des rayures blanches qui vit en troupeaux en Afrique. Il ressemble à un cheval.

Dans la jungle

Cherche et trouve
les objets dans la scène.

Tigre

Lion

Serpent

Zèbre

Girafe

Koala

Panthère

Rhinocéros

Singe

Crocodile

Éléphant

Hippopotame

Singe

Koala

Éléphant

Lion

Zèbre

Hippopotame

Crocodile

Tigre

Appareil photo

Serpent

36

Dans la jungle

Charles a décidé d'aller visiter la jungle. Avec son ,

il prend en photo un , un ,

un , un et même un .

Tout à coup, un apparaît, lui vole son appareil

photo et s'enfuit. Charles, fâché, est bien décidé à

retrouver ce singe farceur. Alors, il court... et il court...

et il tombe ! Il n'avait pas vu le sur le chemin.

Il se relève et continue lorsqu'il croise un gros .

Paniqué, il s'enfuit vers la rivière, mais il y a un

devant lui. Alors, il change de direction et retourne vers

son camion. Là, son appareil photo l'attend sur le siège...

avec une pelure de banane !

Dans la jungle

Le savais-tu?

Les <u>crocodiles</u> grandissent toute leur vie.

Le <u>koala</u> n'a pas de queue.

Les <u>lions</u> se reconnaissent entre eux par leur rugissement.

La <u>girafe</u> est l'animal le plus haut de la Terre.

L'<u>éléphant</u> ne peut pas sauter.

Les <u>zèbres</u> peuvent voir dans le noir.

Le <u>tigre</u> ronronne comme un chat.

Le bébé du <u>serpent</u> s'appelle
un serpenteau.

Dans le jardin

ARROSOIR nom masculin

Objet qui sert à verser de l'eau sur les plantes et les fleurs.

BOTTE nom féminin

Chaussure qui couvre le pied et une partie de la jambe pour les protéger de la pluie ou de la neige.

BROUETTE nom féminin

Petit chariot à une seule roue qui permet de transporter des choses lourdes.

CABANON nom masculin

Petite cabane où on range les outils de jardinage.

CHAPEAU nom masculin

Vêtement qu'on met sur la tête pour se protéger du froid ou du soleil.

CHOU nom masculin

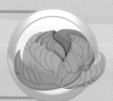

Gros légume rouge ou vert qui pousse sur le sol. On mange ses feuilles.

CITROUILLE nom féminin

Gros fruit d'automne rond et orange qui peut servir à faire des tartes, des soupes et d'autres plats.

CLÔTURE nom féminin

Barrière en bois ou en métal qui fait le tour d'un lieu, comme un parc ou un jardin, pour le fermer.

ESCARGOT nom masculin

Être vivant gluant avec une coquille en spirale sur son dos.

FEUILLE nom féminin

Partie, souvent verte, de la plante qui pousse sur la tige ou sur une branche. Il y en a de toutes les formes.

FLEUR nom féminin

Partie de la plante qui a des pétales colorés et qui, souvent, sent bon.

GANT nom masculin

Vêtement que l'on porte aux mains pour se protéger du froid ou des saletés.

GRAINE nom féminin

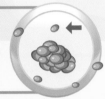

Partie d'un fruit ou d'un légume qui permet de faire pousser une nouvelle plante si elle est semée dans la terre.

JARDINIER nom masculin

Personne qui fait pousser des légumes et qui s'occupe des plantes.

NAIN DE JARDIN nom masculin

Petite statue qui ressemble à un nain et qui sert de décoration dans les jardins.

POMMIER nom masculin

Arbre dans lequel les pommes poussent.

POT DE FLEURS nom masculin

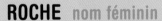

Récipient dans lequel on met de la terre et une graine pour faire pousser une plante ou une fleur.

RÂTEAU nom masculin

Outil qui possède un long manche et plusieurs dents. Il sert à ramasser les feuilles.

ROCHE nom féminin

Matière très dure et lourde qu'on retrouve dans la nature.

TERRE nom féminin

Matière brune faite de petits grains qui recouvre le sol de notre planète.

Dans le jardin

Cherche et trouve
les objets dans la scène.

Jardinier

Gant

Fleur

Arrosoir

Brouette

Nain de jardin

Clôture

Pot de fleurs

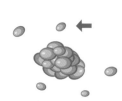

Pommier

Chou

Râteau

Graine

Chapeau

Râteau

Nain de jardin

Arrosoir

Fleur

Botte

Gant

Roche

Escargot

Citrouille

Chou

44

Jonathan et Rosalie sont prêts à jardiner. Ils ont mis

leur , trouvé leur et rempli

leur avec de l'eau. Pendant que Rosalie arrose

une , Jonathan s'occupe de sa grosse .

Les deux amis travaillent fort pour avoir le plus beau

jardin. Mais malheur ! Un s'introduit dans le

jardin. Rosalie essaie de le chasser avec son  ,

mais il reste là. Jonathan essaie de l'écraser avec

sa , mais il se cache derrière une  .

Finalement, les amis le prennent dans leurs mains et vont

le porter près du . Ouf ! Le jardin est sauvé.

Il existe plein de sortes de <u>choux</u>. Pense au chou rouge, au chou-fleur et aux choux de Bruxelles.

Les <u>escargots</u> peuvent se déplacer seulement vers l'avant.

À l'Halloween, tu peux décorer ta maison avec une <u>citrouille</u>.

Si tu veux avoir des légumes différents dans ton jardin, tu dois semer des <u>graines</u> différentes pour chaque sorte.

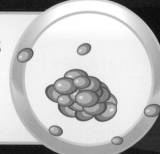

Certaines  <u>fleurs</u> se referment sur elles-mêmes le soir.

On utilise parfois le mot « <u>chapeau</u> » pour dire « Félicitations ! ».

Un bloc de <u>roche</u> s'appelle un rocher.

Les <u>pommiers</u> font des fleurs avant de produire les pommes.

Les insectes et les oiseaux

ABEILLE nom féminin

Insecte rayé jaune et noir qui produit le miel.

AIGLE nom masculin

Grand oiseau au bec crochu et aux griffes aiguisées.

ATTRAPER verbe

Prendre un animal qui se déplace.

AUTRUCHE nom féminin

Très grand oiseau aux plumes noires et blanches qui ne vole pas.

CACATOÈS nom masculin

Oiseau aux plumes colorées qui a une touffe de plumes sur la tête.

CHENILLE nom féminin

Insecte long et poilu qui va devenir un papillon.

CHOUETTE nom féminin

Gros oiseau au bec courbé qui est réveillé la nuit.

PÉLICAN nom masculin

Gros oiseau qui possède un long bec avec une poche.

COCCINELLE nom féminin

Petit insecte volant aux couleurs vives avec des points noirs.

COLIBRI nom masculin

Très petit oiseau qui bat des ailes très rapidement.

FILET nom masculin

Objet qui permet d'attraper des animaux ou
des insectes comme des papillons.

FOURMI nom féminin

Très petit insecte noir ou rouge qui vit en groupe avec une reine.

INSÉPARABLE nom masculin

Petit oiseau qui vit en couple toute sa vie avec
le même compagnon.

LIBELLULE nom féminin

Insecte qui a un long corps, qui possède quatre ailes
et qui vit près de l'eau.

MOINEAU nom masculin

Petit oiseau qui a des plumes grises et brunes.

NID nom masculin

Maison qu'un oiseau se construit avec des petites branches,
de l'herbe et des plumes.

PAPILLON nom masculin

Insecte aux grandes ailes colorées.

PIC-BOIS nom masculin

Oiseau qui frappe son bec sur les arbres pour faire
sortir les insectes.

SCARABÉE nom masculin

Insecte à carapace dure qui se nourrit de saletés.

TOUCAN nom masculin

Oiseau au très long bec et au plumage coloré.

Les insectes et les oiseaux

Cherche et trouve
les objets dans la scène.

Libellule

Fourmi

Inséparable

Aigle

Autruche

Pélican

Abeille

Papillon

Coccinelle

Colibri

Scarabée

Fourmi

Chenille

Colibri

Papillon

Filet

Libellule

Attraper

Coccinelle

Abeille

Par une belle journée d'été, Jade et Alex ont décidé de

partir à la chasse aux insectes. Les deux amis aimeraient

beaucoup un ou une .

Alex agite alors son et capture... un .

Oups ! C'est petit, mais ce n'est pas un insecte. Jade essaie

aussi et obtient... une et une

Dommage ! Mais pourquoi ne pas essayer de trouver

une ? Elle deviendra un papillon. Jade fouille

donc le sol. Elle trouve une  un

et enfin... une chenille ! Hourra, ce ne sera pas très long

et ils auront leur papillon.

Les insectes et les oiseaux

Les <u>abeilles</u> se nourrissent à l'aide d'une sorte de long nez, appelé « trompe », qui aspire le nectar sucré des fleurs.

Les <u>chenilles</u> pondent leurs œufs sur les feuilles.

Les <u>coccinelles</u> pondent jusqu'à cent œufs d'un seul coup.

Les <u>papillons</u> ont quatre ailes.

L'œil de l'autruche est plus gros que son cerveau.

La fourmi possède six pattes.

Le colibri s'appelle aussi « oiseau-mouche ».

Le toucan se sert de son bec comme climatiseur. Il libère sa chaleur par son bec.

Les animaux domestiques

AQUARIUM nom masculin

Réservoir transparent rempli d'eau où vivent des poissons.

BOL nom masculin

Pièce de vaisselle qui peut contenir du liquide ou de la nourriture.

CAGE nom féminin

Espace fermé par des barreaux dans lequel on peut enfermer des animaux.

CÂLIN nom masculin

Serrer quelqu'un contre soi pour lui montrer qu'on l'aime.

CHAT nom masculin

Petit animal au poil doux qui dort beaucoup et qui ronronne lorsqu'il est content.

CHIEN nom masculin

Animal affectueux qui aboie et remue la queue. On dit que c'est le meilleur ami de l'homme.

COLLIER nom masculin

Courroie qu'on place autour du cou des chats et des chiens.

FURET nom masculin

Petit animal roux et blanc de la même famille que la belette. Il mange d'autres animaux.

HAMSTER nom masculin

Petit animal rongeur qui vit dans une cage et qui aime bien faire tourner une roue.

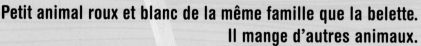

LAISSE nom féminin

Lanière qu'on attache au collier d'un chien lorsqu'on veut l'amener en promenade à l'extérieur.

LAPIN nom masculin

Petit animal qui a de longues oreilles et une petite queue. Il se déplace en sautant.

LÉZARD nom masculin

Petit animal à quatre pattes qui a le corps recouvert d'écailles.

LITIÈRE nom féminin

Sorte de sable dans lequel les chats font leurs besoins.

NICHE nom féminin

Petit abri qui sert de maison au chien.

OS nom masculin

Élément blanc et dur qui forme le squelette des humains et des animaux.

PERCHOIR nom masculin

Bâton qui sert d'appui pour les oiseaux.

PERROQUET nom masculin

Oiseau exotique et coloré qui est capable d'imiter la voix humaine.

POISSON ROUGE nom masculin

Petit animal qui possède des nageoires et qui vit dans l'eau.

SOURIS nom féminin

Petit animal rongeur qui a une longue queue et un museau pointu.

TORTUE nom féminin

Animal très lent qui a quatre pattes et une carapace.

Les animaux domestiques

Cherche et trouve les objets dans la scène.

Souris

Chat

Lapin

Lézard

Chien

Tortue

Poisson rouge

Niche

Hamster

Furet

Perroquet

Aquarium

Tortue

Poisson rouge

Litière

Lézard

Cage

Hamster

Souris

Chat

Chien

Bol

Les animaux domestiques

Aujourd'hui, les amis de David lui ont demandé de garder

leurs animaux. Tout content, David accueille la

de Carl, le de Julie, le de Simon

et plusieurs autres animaux. Au début, tout va bien, mais

très vite, ça devient une vraie ménagerie ! Au lieu d'utiliser

sa , le fait pipi sur le tapis,

le renverse son , le

s'échappe de sa et la ronge les

meubles. Heureusement, les amis de David reviennent

très vite et l'aident à tout nettoyer.

Les animaux domestiques

Le savais-tu ?

Il existe des <u>tortues</u> qui vivent sur la terre et d'autres, dans la mer.

Le nez du <u>chat</u> s'appelle une « truffe ».

Autrefois, on utilisait les <u>furets</u> pour chasser les lapins et les lièvres de leur terrier.

Une <u>souris</u> peut escalader un mur sans problème.

La perruche fait partie de la famille des <u>perroquets</u>.

Les <u>hamsters</u> sont très bons pour sentir des choses.

Les <u>lapins</u> ont plus de papilles gustatives que l'humain.

La vision du <u>chien</u> est meilleure la nuit.

ARAIGNÉE nom féminin

Petite bête à huit pattes qui tisse des toiles.

CHAMPIGNON nom masculin

Être vivant qui ressemble à une plante sans feuilles avec un chapeau. Il pousse dans les endroits humides.

CHEVREUIL nom masculin

Animal qui a le poil roux, le ventre blanc et des bois sur la tête.

ÉCUREUIL nom masculin

Petit animal qui a une grosse queue et qui vit dans les arbres. Il mange des noix et des graines.

FEU DE CAMP nom masculin

Bûches de bois qui brûlent et créent de la chaleur et de la lumière. On fait un feu de camp dehors, souvent en camping.

GROTTE nom féminin

Gros trou creusé dans un rocher et dans lequel on peut entrer.

HIBOU nom masculin

Oiseau qui vit la nuit et chasse des petits animaux pour se nourrir. Son cri est le hululement.

ORIGNAL nom masculin

Grand animal qui possède un panache sur la tête.

OURS nom masculin

Grand animal très poilu qui a de petites oreilles, un museau pointu et de grandes griffes.

PORC-ÉPIC nom masculin

Animal rongeur qui a le dos recouvert de longs piquants.

QUENOUILLE nom féminin

Plante haute se terminant avec une partie bombée. Elle pousse le long des ruisseaux, des rivières et des fleuves.

RANDONNÉE nom féminin

Promenade dans la nature qui dure longtemps.

RATON LAVEUR nom masculin

Animal qui a les yeux encerclés de noir et la queue rayée.

RENARD nom masculin

Animal qui a la tête en forme de triangle, le pelage brun-roux et une grosse queue touffue.

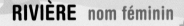

RIVIÈRE nom féminin

Passage plus ou moins étroit où l'eau s'écoule vers la mer.

SANGLIER nom masculin

Cochon sauvage au poil raide qui vit dans la forêt.

SAPIN nom masculin

Arbre qui a des aiguilles au lieu de feuilles. Il ne perd pas ses aiguilles pendant l'hiver.

SAUMON nom masculin

Gros poisson à la chair rose qui remonte les rivières.

SENTIER nom masculin

Chemin de terre étroit.

TENTE nom féminin

Abri qu'on amène avec soi pour dormir en forêt ou pour faire du camping.

Dans la forêt

Cherche et trouve
les objets dans la scène.

Sapin

Randonnée

Sanglier

Grotte

Tente	**Écureuil**	**Hibou**	**Saumon**

Quenouille	**Raton laveur**	**Renard**	**Feu de camp**

Hibou

Randonnée

Tente

Feu de camp

Ours

Sanglier

Écureuil

Raton laveur

Renard

Saumon

Dans la forêt

Emma adore faire du camping dans la forêt !

Après avoir installé sa , elle peut pêcher

du ou faire une et observer les animaux.

Quel joli ! Quel adorable  !

Quel rigolo ! Mais la nuit, la forêt est beaucoup

plus effrayante... Emma entend plein de bruits étranges.

Le hulule. Le vent siffle. Puis, elle entend un

autre bruit : crouch ! crouch ! Emma a très peur que ce

soit un . Curieuse, elle jette un œil. Ouf !

Ce n'est qu'un qui mange les guimauves

qu'elle a laissé près du .

Dans la forêt

Le <u>chevreuil</u> peut courir très vite, mais il s'épuise rapidement.

Il est impossible pour le <u>porc-épic</u> de lancer ses piquants.

Le <u>renard</u> gris peut grimper dans les arbres.

Le nid des <u>écureuils</u> est de la même grandeur qu'un ballon de football.

Tu ne peux pas manger toutes les sortes de <u>champignons</u> parce qu'il y en a qui sont empoisonnés.

L'<u>ours</u> dort pendant tout l'hiver.

L'<u>araignée</u> n'est pas un insecte, car elle possède huit pattes. Les insectes, eux, en ont six.

Les <u>saumons</u> nagent contre le courant des rivières pour aller pondre leurs œufs au même endroit tous les ans.

Les vêtements

Dictionnaire

BANDEAU nom masculin

Morceau de tissu assez étroit qu'on se met autour de la tête pour se coiffer ou pour se protéger les oreilles du froid.

BAS nom masculin

Vêtement en tissu qu'on met à son pied. Il a toujours son jumeau.

BERMUDA nom masculin

Vêtement qui ressemble à un pantalon, mais qui est plus court. Il s'arrête aux genoux.

BLOUSE nom féminin

Vêtement pour les filles qui n'est pas très chaud, qui couvre le haut du corps et qui se referme sur le devant avec des boutons.

CAMISOLE nom féminin

Vêtement qu'on porte sur le haut de notre corps et qui n'a pas de manches.

CASQUE DE BAIN nom masculin

Vêtement qu'on met sur notre tête lorsqu'on se baigne pour ne pas se mouiller les cheveux.

CASQUETTE nom féminin

Chapeau qui recouvre la tête et qui a une partie plus longue sur le devant pour se cacher du soleil.

CHANDAIL nom masculin

Vêtement qu'on porte sur le haut de notre corps et qui a des manches.

CULOTTE nom féminin

Vêtement qu'on porte en dessous de notre pantalon ou de notre jupe.

IMPERMÉABLE nom masculin

Vêtement qui ressemble à un grand manteau et qu'on porte par-dessus nos autres vêtements pour les protéger de la pluie.

JUPE nom féminin

Vêtement pour les filles qui entoure la taille et qui est plus ou moins long.

MAILLOT DE BAIN nom masculin

Vêtement qu'on porte pour la baignade.

PANTALON nom masculin

Vêtement qu'on porte sur le bas de notre corps et qui couvre nos jambes jusqu'à nos pieds.

PANTOUFLE nom féminin

Vêtement qu'on porte dans nos pieds à la maison pour les garder au chaud.

PYJAMA nom masculin

Vêtement qu'on porte la nuit pour dormir.

ROBE nom féminin

Vêtement pour les filles qui couvre le corps, des épaules jusqu'aux jambes.

SALOPETTE nom féminin

Vêtement qui est retenu par des bretelles et qui couvre les jambes et une partie du haut du corps.

SANDALE nom féminin

Soulier qu'on porte dans les pieds pendant l'été, à la plage.

SOULIER nom masculin

Chaussure qu'on porte aux pieds pour les protéger du sol quand on marche.

VESTE À CAPUCHON nom féminin

Vêtement qu'on porte sur le haut de notre corps et qui a une partie qui sert à recouvrir la tête.

Les vêtements

Cherche et trouve
les objets dans la scène.

Salopette

Bermuda

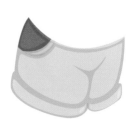

Pyjama

Casquette

Robe	**Imperméable**	**Maillot de bain**	**Pantalon**

Sandale	**Bas**	**Chandail**	**Jupe**

Bas

Casque de bain

Pyjama

Maillot
de bain

Robe

Sandale

Chandail

Veste à
capuchon

Pantalon

Soulier

Annie a très envie de se baigner. Elle décide donc

de mettre son . Elle commence par enlever

un , puis l'autre. Elle retire ensuite sa ,

son et son . Puis, elle enfile

son maillot et son . Elle sort une première

 de son sac. Mais où est la deuxième ? Oh !

Elle est dans une autre poche de son sac avec sa

et son . Annie est maintenant prête. Enfin,

presque... elle ne s'est pas aperçue qu'elle porte encore

un  .

Le savais-tu?

Les <u>bas</u> s'appellent aussi des chaussettes.

En Europe, les gens appellent la <u>camisole</u>, un débardeur.

Le <u>casque de bain</u> empêche d'avoir les cheveux dans les yeux quand on nage.

Certaines personnes aiment porter leur <u>casquette</u> à l'envers.

Les plumes du canard sont comme un <u>imperméable</u> puisqu'elles les protègent de la pluie.

La <u>pantoufle</u> est également appelée « chausson d'intérieur », puisqu'on la porte à l'intérieur de la maison.

Lorsque les filles se marient, elles portent une <u>robe</u> blanche.

Celui qui répare les <u>souliers</u> s'appelle un cordonnier.

Les Saisons

AUTOMNE nom masculin

Saison entre l'été et l'hiver, pendant laquelle les feuilles des arbres changent de couleur et tombent.

BALAI À FEUILLES nom masculin

Outil qui a un long manche et plein de tiges au bout pour ramasser des feuilles.

BONHOMME DE NEIGE nom masculin

Personnage qu'on fabrique avec de la neige collante. Son nez est très souvent une carotte.

BOURGEON nom masculin

Petit boule au bout des branches des arbres qui deviendra une feuille ou une fleur.

CHÂTEAU DE SABLE nom masculin

Bâtiment en sable qu'on fabrique sur la plage avec un seau et une pelle.

CRÈME SOLAIRE nom féminin

Lotion qu'on met sur sa peau pour la protéger du soleil quand on va dehors.

ÉCHARPE nom féminin

Bande de laine qu'on porte autour du cou pour se garder au chaud.

ÉTÉ nom masculin

Saison où il fait très chaud, entre le printemps et l'automne.

FLOCON DE NEIGE nom masculin

Petit morceau de neige qui tombe du ciel.

HIVER nom masculin

Saison où on joue dans la neige, entre l'automne et le printemps.

IGLOU nom masculin

Maison en forme de boule, faite avec des gros morceaux de glace.

LIMONADE nom féminin

Jus fait à partir de citron, d'eau et de sucre.

LUNETTES DE SOLEIL nom féminin

Objet qu'on porte devant ses yeux pour les protéger du soleil.

MARMOTTE nom féminin

Animal qui a le poil brun et qui siffle quand il y a du danger. Il se réveille au printemps.

OISEAU MIGRATEUR nom masculin

Oiseau qui part vers le sud quand l'hiver arrive et qui revient au printemps.

PARAPLUIE nom masculin

Objet fait d'un morceau de tissu imperméable au bout d'un long manche et qu'on utilise pour se protéger de la pluie.

PARASOL nom masculin

Objet fait d'un grand morceau de tissu au bout d'un très long manche et qu'on utilise pour se protéger du soleil.

PRINTEMPS nom masculin

Saison où la neige disparaît et où il commence à faire moins froid, entre l'hiver et l'été. Les feuilles des arbres repoussent.

SERVIETTE DE PLAGE nom féminin

Grand morceau de tissu qu'on utilise pour se coucher sur la plage et pour se sécher après s'être baigné.

TUQUE nom féminin

Vêtement en laine qu'on se met sur la tête pour se protéger du froid.

PRINTEMPS

AUTOMNE

Les saisons

Cherche et trouve
les objets dans la scène.

Château de sable

Bonhomme de neige

Olseau migrateur

Flocon de neige

ÉTÉ

HIVER

Balai à feuilles

Écharpe

Parasol

Iglou

Parapluie

Tuque

Limonade

Marmotte

PRINTEMPS

ÉTÉ

Parasol

Limonade

Château de sable

AUTOMNE

HIVER

Parapluie

Bonhomme de neige

Iglou

À la garderie, Alicia demande à ses amis quelle est leur

saison préférée. Nathan lui dit qu'il aime le ,

même s'il faut traîner plus souvent un .

Noémie préfère l' parce qu'elle peut faire

des et boire de la sous un . Mimi,

elle, adore ramasser des feuilles pendant l' .

Mais personne n'aime la saison préférée d'Alicia.

Elle est la seule à aimer l' . Pourtant, fabriquer

un  ou un est si amusant ! Finalement,

Alicia réussit à convaincre ses amis et tout le monde

aime l'hiver !

Les saisons

Les bébés <u>marmottes</u> s'appellent des marmottons.

Chaque <u>flocon de neige</u> est unique.
Il n'y en a pas deux qui sont pareils.

L'<u>hiver</u> est la saison la plus froide de l'année.

La bernache du Canada est un <u>oiseau migrateur</u> qu'on appelle aussi « outarde ».

Il est important de se remettre de la <u>crème solaire</u> après la baignade.

C'est au <u>printemps</u> que les ours se réveillent après la période de froid.

C'est l'<u>été</u> qu'on voit le plus le soleil.

C'est plus facile de construire un <u>château de sable</u> quand le sable est un peu mouillé.

Dans la maison

Dictionnaire

BAIGNOIRE nom féminin

Objet profond dans lequel on prend un bain pour se laver.

BROSSE À DENTS nom féminin

Tige de plastique avec des poils au bout qui sert à se nettoyer les dents.

CHAISE nom féminin

Objet avec quatre pattes et un dossier qui sert à s'asseoir.

CHAUDRON nom masculin

Contenant profond dans lequel on fait cuire la nourriture.

CRAYON nom masculin

Bâton de bois utilisé pour écrire ou dessiner.

FAUTEUIL nom masculin

Siège avec un dossier et des bras qui permet à une personne de s'asseoir.

HORLOGE nom féminin

Appareil avec des chiffres et des aiguilles qu'on accroche au mur et qui sert à lire l'heure.

LAMPE nom féminin

Appareil qui fonctionne à l'électricité et qui sert à faire de la lumière.

LAVABO nom masculin

Objet dans lequel on peut se laver les mains.

LIT nom masculin

Meuble sur lequel on se couche pour dormir.

PANIER nom masculin

Objet profond avec une poignée dans lequel on transporte des provisions.

PAPIER HYGIÉNIQUE nom masculin

Papier qui sert à s'essuyer lorsqu'on va aux toilettes.

PLANTE nom féminin

Être vivant fait d'une tige et de feuilles.

POUBELLE nom féminin

Objet profond dans lequel on jette les déchets.

RÉFRIGÉRATEUR nom masculin

Objet haut et profond avec des tablettes et des tiroirs dans lequel on met les aliments pour les garder au froid.

TABLE nom féminin

Meuble avec quatre pattes et une surface plane sur lequel on mange.

TASSE nom féminin

Petit objet avec une poignée dans lequel on met un liquide qu'on veut boire, comme du chocolat chaud, par exemple.

TÉLÉVISION nom féminin

Objet rectangulaire avec un écran qui permet de voir et d'entendre des émissions et des films.

TUBE DE DENTIFRICE nom masculin

Produit qui sert à se nettoyer les dents. On le met sur la brosse à dents avant de s'en servir.

VASE nom masculin

Objet de décoration dans lequel on peut mettre de l'eau et des fleurs.

Dans la maison

Cherche et trouve
les objets dans la scène.

Télévision

Plante

Horloge

Réfrigérateur

Table	**Lampe**	**Fauteuil**	**Lit**

Brosse à dents	**Chaise**	**Lavabo**	**Poubelle**

Lit

Baignoir

Poubelle

Télévision

Réfrigérateu

Fauteuil

Panier

Vase

Crayon

Table

Christelle aimerait beaucoup dessiner avec son frère et

sa sœur, mais elle ne trouve plus son préféré.

Elle va voir derrière le et près de la ,

mais il n'est pas là. Elle regarde sous la , dans

le à fruits, dans le et près du ,

mais il n'est pas là non plus. Elle demande à son frère s'il

l'a vu dans la ou dans la , mais non. Il ne

l'a pas vu. Toute triste, Christelle décide d'aller jouer dans

sa chambre. Et là... Surprise ! Son crayon préféré est sous

le . Elle va pouvoir dessiner, elle aussi !

Dans la maison

En plus de décorer ta maison, une <u>plante</u> peut faire en sorte que l'air soit meilleur.

Sans un <u>réfrigérateur</u> dans ta maison, tu ne pourrais pas boire du lait froid tous les jours.

La grande aiguille d'une <u>horloge</u> indique les minutes.

On doit changer notre <u>brosse à dents</u> tous les trois mois.

 Le <u>papier hygiénique</u> est fait avec des arbres.

On peut mettre des guimauves dans une <u>tasse</u> de chocolat chaud pour la décorer.

 Les images de la <u>télévision</u> étaient en noir et blanc avant d'être en couleurs.

Le papier ne va pas à la <u>poubelle</u>, mais plutôt dans le bac de recyclage.

BAGUETTE MAGIQUE nom féminin

Bâton utilisé pour faire des tours de magie.

BOUCLE nom féminin

Bande de tissu qu'on attache pour former deux cercles.
On peut le mettre dans nos cheveux ou sur nos vêtements.

BOUCLIER nom masculin

Objet que le chevalier tient à la main et qu'il utilise pour
se protéger pendant un combat.

CARROSSE nom masculin

Voiture à quatre roues tirée par des chevaux.

CHÂTEAU nom masculin

Maison pour les rois et les reines.

CHEVALIER nom masculin

Homme qui porte une armure et qui se bat pour
le roi et la reine. Il se déplace à cheval !

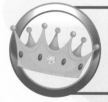

COURONNE nom féminin

Objet précieux qu'un roi ou une reine porte sur sa tête.

DIAMANT nom masculin

Pierre précieuse transparente et scintillante.
Plusieurs bijoux sont faits avec des diamants.

DRAGON nom masculin

Animal imaginaire à écailles qui vole et qui crache du feu.

DRAPEAU nom masculin

Tissu qu'on accroche au bout d'un poteau et qui vole dans le vent.

ÉPÉE nom féminin

Arme faite d'une lame pointue et tranchante.

ESCARPIN nom masculin

Soulier délicat qu'on porte aux pieds et qui possède un talon haut.

FÉE nom féminin

Fille imaginaire qui possède des pouvoirs magiques.

GRENOUILLE nom féminin

Petit animal vert qui vit dans les étangs et qui attrape des mouches avec sa grande langue.

LICORNE nom féminin

Animal imaginaire qui ressemble à un cheval avec une corne sur le front.

PENDENTIF nom masculin

Bijou qui s'accroche à une chaîne et qui se porte autour du cou.

PRINCESSE nom féminin

Fille du roi et de la reine. Elle porte de belles robes et des bijoux.

REINE nom féminin

Femme qui vit dans un château et qui est mariée avec le roi.

ROI nom masculin

Homme riche qui vit dans un château et qui prend toutes les décisions pour le royaume où il vit.

ROSE nom féminin

Fleur qui a beaucoup de pétales et qui a des épines.

Dans le royaume

Cherche et trouve
les objets dans la scène.

Licorne

Baguette magique

Dragon

Princesse

Grenouille

Carrosse

Chevalier

Rose

Reine

Château

Fée

Roi

Dragon

Château

Chevalier

Carrosse

Pendentif

Princesse

Rose

Grenouille

Dans le royaume

Il était une fois une très triste parce qu'elle

était enfermée dans un gardé par un .

Un jour, une vint la voir et lui donna droit à un

vœu. La princesse demanda alors de rencontrer un beau

prince. Abracadabra ! La fée fit apparaître une

avec sa et dit à la princesse de l'embrasser.

La grenouille se transforma alors en qui alla

combattre le dragon, puis amena la princesse dans

son . Arrivé chez lui, le chevalier offrit une

et un à la princesse qui est maintenant

très heureuse.

Dans le royaume

Le conducteur d'un <u>carrosse</u> s'appelle un cocher.

Les <u>chevaliers</u> portent souvent une armure de métal très lourde pour se protéger.

La légende dit que si une <u>princesse</u> embrasse une grenouille, celle-ci se transformera en prince.

Le petit de la <u>grenouille</u> s'appelle une grenouillette.

Les <u>boucliers</u> peuvent être faits en bois ou en cuir, mais les plus solides sont faits en métal.

Chaque pays possède son propre <u>drapeau</u>.

La <u>rose</u> est souvent utilisée pour représenter l'amour.

Le <u>diamant</u> est la pierre précieuse la plus dure du monde.

Les transports

AUTOBUS   nom masculin

Gros véhicule à moteur qui transporte beaucoup de personnes en même temps.

AUTOMOBILE   nom féminin

Véhicule à moteur avec quatre roues qui transporte jusqu'à cinq personnes à la fois.

AVION   nom masculin

Véhicule qui vole dans le ciel et qui transporte plusieurs personnes en même temps.

BICYCLETTE   nom féminin

Véhicule à deux roues avec un guidon qu'on fait avancer en pédalant.

BOUÉE   nom féminin

Objet qui aide les gens à flotter lorsqu'ils sont dans l'eau.

CAMION   nom masculin

Gros véhicule utilisé pour transporter plusieurs objets.

CASQUE   nom masculin

Objet qu'on met sur la tête pour se protéger des chocs.

CONDUCTEUR   nom masculin

Personne qui conduit un véhicule.

CÔNE   nom masculin

Objet utilisé dans la rue pour dire aux conducteurs qu'ils doivent éviter un obstacle.

FEU DE SIGNALISATION   nom masculin

Objet qui indique, avec trois couleurs, le rouge, le jaune et le vert, s'il faut s'arrêter, ralentir ou avancer.

HÉLICOPTÈRE   nom masculin

Véhicule qui vole à l'aide de gros morceaux de métal qui tournent au-dessus de lui.

MONTGOLFIÈRE   nom féminin

Ballon qui vole avec un panier suspendu sous lui.

MOTOCYCLETTE   nom masculin

Véhicule à moteur qui a deux roues.

PNEU   nom masculin

Objet en caoutchouc qui va autour d'une roue de voiture.

ROUE   nom féminin

Objet rond qui permet à une voiture d'avancer.

ROUTE   nom féminin

Chemin sur lequel les voitures se promènent.

TRAIN   nom masculin

Véhicule qui se déplace sur des rails. Il fait « Tchou ! Tchou ! ».

VOIE FERRÉE   nom féminin

Chemin pour les trains fait de plusieurs bandes de métal.

VOILE   nom féminin

Pièce de tissu qui se sert du vent pour faire avancer un bateau.

VOILIER   nom masculin

Véhicule qui se déplace sur l'eau et qui avance avec le vent.

Les transports

Cherche et trouve
les objets dans la scène.

Avion

Hélicoptère

Motocyclette

Cône

Camion	Bouée	Voie ferrée	Casque

Voilier	Automobile	Pneu	Conducteur

Montgolfière

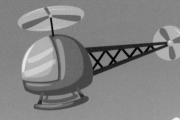

Hélicoptère

Avion

Voilier

Casque

Train

Bicyclette

Motocyclette

Conducteur

Autobus

Les transports

Jacob a très hâte de savoir conduire. Lorsqu'il sera grand,

il pourrait être un  de  ou un

chauffeur d' . Il pourrait aussi être pilote

d'  , d'  , ou même de !

Et pendant la fin de semaine, il mettrait fièrement

son et irait se balader sur sa ou

ferait un petit tour de . Mais pour l'instant,

Jacob n'a que cinq ans et il doit se contenter d'utiliser

sa  lorsqu'il veut se promener !

Les transports

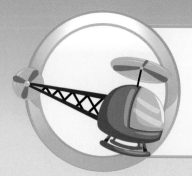

Les hélicoptères peuvent voler sur place, sans avancer ni reculer.

C'est de l'air chaud qui permet à une montgolfière de voler.

Le conducteur d'une motocyclette s'appelle un motocycliste.

Les cônes utilisés sur les routes lors des travaux de réparation sont souvent oranges.

Un <u>avion</u> qui peut atterrir sur l'eau s'appelle un hydravion.

Il est obligatoire de porter un <u>casque</u> lorsqu'on se promène sur une motocyclette.

Les <u>autobus</u> utilisés par les écoles sont souvent jaunes.

Le <u>conducteur</u> d'un avion s'appelle un pilote.

Joyeux Noël !

Dictionnaire

ARBRE DE NOËL nom masculin

Être vivant ou non, souvent vert avec des aiguilles, qu'on décore pour la fête de Noël.

BAS DE NOËL nom masculin

Bas qu'on accroche à la cheminée et dans lequel le père Noël met des cadeaux.

BISCUIT nom masculin

Aliment sucré qu'on mange souvent avec du lait.

BONHOMME EN PAIN D'ÉPICES nom masculin

Aliment sucré et épicé en forme de petit bonhomme.

BOULE DE NOËL nom féminin

Objet rond et scintillant qu'on accroche dans l'arbre de Noël pour le décorer.

CADEAU nom masculin

Objet emballé que le père Noël apporte pendant la nuit de Noël.

CANNE DE BONBON nom féminin

Aliment long et mince avec un bout courbé, qui goûte la menthe sucrée.

CHANDELLE nom féminin

Objet long et mince qui brûle à un bout pour faire de la lumière.

CLOCHE nom féminin

Objet en métal qui fait du bruit quand on le frappe.

COURONNE DE NOËL nom féminin

Objet rond, fait de branches de sapin et de fleurs rouges.

DINDE nom féminin

Aliment qu'on mange à Noël et qui ressemble à du poulet.

ÉTOILE nom féminin

Objet qui brille dans le ciel pendant la nuit. Souvent, on place une étoile en haut de l'arbre de Noël.

FOYER nom masculin

Objet dans lequel on fait brûler du bois pour se réchauffer ou s'éclairer.

GUIRLANDE nom féminin

Longue corde de papier scintillant ou d'objets qu'on enroule dans l'arbre de Noël pour le décorer.

HOUX nom masculin

Plante verte avec des petites boules rouges.

LAIT nom masculin

Liquide blanc qui vient de la vache.

LUTIN nom masculin

Petit bonhomme qui porte des souliers et un chapeau pointus.

PÈRE NOËL nom masculin

Homme habillé de rouge qui a une barbe blanche. Il distribue les cadeaux aux enfants sages du monde entier pendant la nuit de Noël.

RENNE nom masculin

Animal avec des bois, qui ressemble à des cornes, sur la tête. Il tire le traîneau du père Noël.

TRAÎNEAU nom masculin

Véhicule qui a des patins au lieu des roues et dans lequel le père Noël se déplace.

Joyeux Noël !

Cherche et trouve
les objets dans la scène.

Boule

Chandelle

Père Noël

Renne

Bas de Noël	**Arbre de Noël**	**Cloche**	**Lutin**

Couronne	**Étoile**	**Canne de bonbon**	**Cadeau**

Père Noël

Traîneau

Bas de Noël

Lutin

Guirlande

Canne de
bonbon

Foyer

Arbre de Noël

Dinde

Cadeau

Joyeux Noël !

Glinglin le est très occupé à préparer la fête de

Noël. Même s'il a fini de fabriquer le de chaque

enfant, il lui reste à organiser le réveillon. Pendant que

le est parti sur son  , Glinglin

fait cuire la et termine de décorer l'

avec une dorée. Il allume aussi un bon feu

dans le  . À son retour, le père Noël est très

content. Pour remercier Glinglin, il lui offre une jolie

et ajoute plein de surprises dans son .

Quelle belle nuit de Noël !

Joyeux Noël !

Le <u>renne</u> qui guide le traîneau du père Noël s'appelle Rudolphe.

Le <u>père Noël</u> habite au pôle Nord.

Les <u>lutins</u> aident le père Noël à fabriquer les cadeaux.

L'<u>étoile</u> la plus brillante s'appelle Sirius.

Le père Noël livre les <u>cadeaux</u> en passant par la cheminée des maisons.

Le <u>traîneau</u> du père Noël est magique. Il vole dans les airs. C'est plus rapide pour faire le tour du monde en une nuit.

Tu peux laisser des <u>biscuits</u> près de l'arbre de Noël pour le père Noël.

D'habitude, on accroche la <u>couronne</u> de Noël sur la porte d'entrée de la maison.

La musique

ACCORDÉON   nom masculin

Instrument de musique qui fait du bruit en se pliant et en se dépliant.

BATTERIE   nom féminin

Instrument de musique sur laquelle on frappe avec des baguettes de bois.

CHANTER   verbe

Faire de la musique avec notre voix en disant des mots.

COR D'HARMONIE   nom masculin

Instrument de musique fait d'un tuyau de métal enroulé dans lequel on souffle.

FLÛTE   nom féminin

Instrument de musique en bois ou en plastique avec des trous dans lequel on souffle.

GUITARE   nom féminin

Instrument de musique en bois avec six cordes.

GUITARISTE   nom maculin

Personne qui joue de la guitare.

HARPE   nom féminin

Instrument de musique en forme de triangle avec plusieurs cordes.

MARACA   nom masculin

Instrument de musique fait d'une boule remplie de petits grains et d'un manche.

MICROPHONE nom masculin

Objet dans lequel on chante pour faire entendre notre voix plus forte.

NOTE DE MUSIQUE nom féminin

Son fait par un instrument de musique.

PIANISTE nom masculin et féminin

Personne qui joue du piano.

PIANO nom masculin

Instrument de musique fait de touches noires et blanches sur lesquelles on appuie avec nos doigts.

SAXOPHONE nom masculin

Instrument de musique de forme recourbée, souvent doré, dans lequel on souffle pour faire sortir des sons.

SCÈNE nom féminin

Endroit un peu plus haut où les musiciens se mettent pour qu'on les voit faire leur spectacle.

TAMBOUR nom masculin

Instrument de musique rond sur lequel on frappe avec une baguette de bois.

TAMBOURIN nom masculin

Instrument de musique rond qui ressemble à un petit tambour avec des petits disques de métal autour.

TROMPETTE nom féminin

Instrument de musique dans lequel on souffle en appuyant sur des boutons pour changer les sons.

VIOLON nom masculin

Instrument de musique à quatre cordes qu'on pose sur son épaule et sur lequel on frotte les cordes avec un manche.

XYLOPHONE nom masculin

Instrument de musique fait de petits rectangles en métal ou en bois sur lesquels on frappe avec un petit bâton.

La musique

Cherche et trouve les objets dans la scène.

Trompette

Flûte

Harpe

Piano

Xylophone

Violon

Saxophone

Tambour

Guitare

Tambourin

Accordéon

Cor d'harmonie

Tambourin

Piano

Saxophone

Guitare

Maraca

Microphone

Chanter

Guitariste

Flûte

Violon

La musique

Marie veut préparer un spectacle de musique. Elle demande à sa maman de jouer du et à sa sœur, de jouer du . Son amie Léanne sait très bien , alors Marie lui donne le . Thomas, lui, prend la , car il est . Mais Marie ne sait toujours pas quel instrument choisir. Elle hésite entre le , le et la . Finalement, elle un voit un . Maintenant, elle sait quel sera son instrument de musique ! Il ne reste plus qu'à trouver le deuxième et le spectacle peut commencer !

La musique

La <u>trompette</u> fait partie des instruments à vent.

Pour <u>chanter</u>, nous utilisons nos cordes vocales qui sont dans notre gorge.

Le manche avec lequel on frotte les cordes du <u>violon</u> s'appelle un archet.

Celui qui fabrique les <u>guitares</u> s'appelle un luthier.

Sur le côté d'un <u>accordéon</u>, on retrouve des touches qui changent le son lorsqu'on les enfonce.

Une <u>scène</u> peut aussi servir pour faire des spectacles de danse ou des pièces de théâtre.

Avec un <u>microphone</u>, tu peux enregistrer ta voix.

Il faut accorder les touches du <u>piano</u> pour que la musique soit belle.

Les Sports

ARBITRE nom masculin et féminin

Personne qui s'assure que les règlements soient respectés.

BADMINTON nom masculin

Sport qu'on joue avec une raquette et un volant.

BALLE (DE TENNIS) nom féminin

Objet qu'on frappe avec une raquette.

BASEBALL nom masculin

Sport qui consiste à frapper, avec un bâton, une balle lancée par un adversaire.

BASKETBALL nom masculin

Sport qui se joue en lançant un ballon dans un panier suspendu dans les airs.

BÂTON DE GOLF nom masculin

Tige de métal avec lequel on frappe la balle lorsqu'on joue au golf.

BOUTEILLE D'EAU nom féminin

Contenant mince et allongé dans lequel on met de l'eau.

BOXE nom féminin

Sport où deux personnes qui portent des gros gants se frappent à coup de poing.

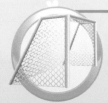

BUT nom masculin

Endroit dans lequel on doit envoyer le ballon ou la rondelle.

GOLF nom masculin

Sport où on frappe une balle pour l'envoyer dans un petit trou creusé dans le sol.

HOCKEY nom masculin

Sport qu'on pratique sur la glace avec des patins (ou dans la rue et sur le gazon sans patins), un bâton et une rondelle.

KARATÉ nom masculin

Sport de combat japonais.

KIMONO nom masculin

Habit blanc avec une ceinture de couleur qu'on porte pour faire du karaté.

MENEUSE DE CLAQUES nom féminin

Personne qui encourage son équipe sportive en dansant et en agitant des pompons.

VOLANT nom masculin

Objet en forme de cône qu'on frappe avec une raquette. On l'appelle aussi un « moineau ».

POMPON nom masculin

Objet fait de plusieurs petites bandes de tissu ou de plastique très minces qui forment une boule lorsqu'on l'agite avec la main.

RAQUETTE nom féminin

Objet qui a un manche et une partie ovale où plusieurs cordes tendues se croisent.

SOCCER nom masculin

Sport d'équipe qu'on joue en donnant des coups de pied sur un ballon pour le pousser jusqu'à un but.

TENNIS nom masculin

Sport dans lequel on doit frapper la balle avec une raquette par-dessus un filet.

VOLLEYBALL nom masculin

Sport dans lequel on doit renvoyer un ballon par-dessus un filet suspendu dans les airs.

Les sports

Cherche et trouve
les objets dans la scène.

Baseball

Volleyball

Boxe

Basketball

Tennis	Karaté	Meneuse de claques	Soccer

Badminton	Golf	Hockey	Arbitre

Meneuse de claques

Soccer

Volant

Badminton

Basketball

Balle de tennis

Raquette

Tennis

Volleyball

Baseball

Les sports

Béatrice adore jouer au , mais elle ne peut pas

jouer toute seule. Alors, elle va au parc pour demander à

ses amis. Malheur ! Tous font déjà quelque chose. Samuel

joue au , Danny, au , Mia, au

et Noah, au . Elle demande donc à deux inconnus,

mais ils préfèrent échanger un plutôt

qu'une . Leur sport préféré est le .

C'est alors qu'elle voit Sandy dans son habit de .

Et si Béatrice changeait de sport ? En quelques minutes

à peine, elle échange sa pour des pompons.

La voilà prête à s'amuser !

Les Sports

Au <u>karaté</u>, quand tu t'améliores, tu changes de couleur de ceinture.

Au <u>soccer</u>, on ne peut pas toucher le ballon avec nos mains.

Au <u>hockey</u>, les arbitres portent un chandail rayé noir et blanc.

On peut jouer au <u>badminton</u> contre un seul adversaire ou en équipe de deux contre deux autres joueurs.

Au <u>volleyball</u> de plage, le terrain où on joue est dans le sable.

L'endroit où se trouve le trou, au <u>golf</u>, s'appelle le vert.

À la <u>boxe</u>, on ne peut pas donner de coups en dessous de la ceinture de son adversaire.

Il est important d'avoir une <u>bouteille d'eau</u> quand on fait du sport parce que notre corps perd beaucoup d'eau.

Les fruits et les légumes

Dictionnaire

ANANAS nom masculin

Gros fruit qui a de grandes feuilles vertes et une peau brune épaisse. Il est jaune à l'intérieur et juteux.

BANANE nom féminin

Fruit long et jaune avec des taches brunes. Il faut enlever la pelure pour le manger.

BROCOLI nom masculin

Légume vert qui ressemble à petit arbre.

CAROTTE nom féminin

Légume orange allongé avec des feuilles vertes sur le dessus. Il pousse dans la terre.

CÉLERI nom masculin

Légume vert pâle dont on mange les branches.

CERISE nom féminin

Petit fruit rouge foncé avec un noyau.

CITRON nom masculin

Fruit jaune très acide qui a la forme d'un ballon de football.

CONCOMBRE nom masculin

Fruit long et mince qui est vert pâle à l'intérieur et vert foncé à l'extérieur.

GRAPPE DE RAISIN nom féminin

Groupe de petits fruits très sucrés de couleur rouge, verte ou bleue.

FRAISE nom féminin

Petit fruit rouge qui pousse l'été dans les champs ou dans les bois.

LAITUE nom féminin

Plante dont on mange les feuilles vertes et croquantes.

MELON D'EAU nom masculin

Gros fruit vert et rayé à l'extérieur. À l'intérieur, il est rose avec des pépins noirs.

OIGNON nom masculin

Légume qui goûte fort et qui est fait de plusieurs couches.

ORANGE nom féminin

Fruit rond de couleur orangée qui est très juteux.

PÊCHE nom féminin

Fruit rond à chair tendre qui a une pelure poilue et un gros noyau.

POIRE nom féminin

Fruit brun, jaune ou vert qui est plus gros dans le bas et plus petit dans le haut.

POIVRON nom masculin

Fruit vert, jaune, orange ou rouge qui contient beaucoup de petites graines.

POMME nom féminin

Fruit rond rouge, jaune ou vert, qui pousse pendant l'automne.

RADIS nom masculin

Légume qui pousse dans la terre et qui est blanc et rouge.

TOMATE nom féminin

Fruit rouge, acide et rond qui pousse sur des plantes du jardin qui ne sont pas très hautes.

Les fruits et les légumes

Cherche et trouve les objets dans la scène.

Concombre

Tomate

Oignon

Citron

Poire

Orange

Cerise

Pomme

Céleri

Fraise

Brocoli

Ananas

Ananas

Melon d'eau

Banane

Oignon

Brocoli

Pomme

Citron

Laitue

Céleri

Poire

Maélie veut préparer un bon dîner. Elle se rend donc au marché pour acheter ses fruits et ses légumes. Elle met dans son panier un , une [image], un [image] et un [image]. Puis, elle choisit ses fruits. Elle prend une [image], un [image] ur [image], une [image]… et une autre poire. Elle veut aussi prendre une [image], mais la pomme lui tombe des mains et se met à rouler.

Maélie court pour la rattraper, mais la pomme roule trop vite. Un monsieur essaie de l'arrêter, mais la pomme dévie.

Finalement, elle s'arrête près d'un [image]. Ouf !

Maélie l'a récupérée.

Les fruits et les légumes

Le savais-tu ?

Lorsque les <u>carottes</u> poussent, il y a juste les feuilles qui dépassent de la terre.

Le jus de <u>citron</u> est souvent utilisé en cuisine pour donner du goût.

Les <u>pommes</u> sont très bonnes en tartes et en croustades.

Les <u>raisins</u> poussent dans de grands champs qui sont appelés « vignes ».

La <u>tomate</u> est très populaire dans la cuisine italienne. Pense au spaghetti, à la lasagne et à la pizza.

Le <u>melon d'eau</u> porte bien son nom parce qu'il est fait presque uniquement d'eau.

L'arbre dans lequel poussent les <u>bananes</u> s'appelle un bananier.

Les <u>cerises</u> sont souvent utilisées pour décorer la crème glacée.

La météo

ARC-EN-CIEL nom masculin

Courbe lumineuse et pleine de couleurs qui apparaît dans le ciel lorsqu'il y a du soleil et de la pluie en même temps.

CHALEUR nom féminin

Température élevée qui nous fait avoir chaud.

ÉCLAIR nom masculin

Lumière vive qui ne dure pas longtemps et qui apparaît dans le ciel pendant un orage.

FROID nom masculin

Température basse qui nous fait grelotter.

GIROUETTE nom féminin

Objet qui est fixé sur le toit et qui tourne pour indiquer dans quel sens souffle le vent.

GIVRE nom masculin

Petite couche de glace.

LUNE nom féminin

Cercle lumineux, plus gros que les étoiles qu'on voit dans le ciel pendant la nuit.

MANCHE À AIR nom féminin

Objet en tissu en forme de cône qui indique la direction du vent.

MÉTÉOROLOGUE nom masculin et féminin

Personne qui informe les gens du temps qu'il fait ou qu'il va faire.

NEIGE nom féminin

Pluie gelée en forme de cristaux qui tombe du ciel quand il fait froid.

NUAGE nom masculin

Masse blanche qu'on retrouve dans le ciel. Les nuages sont faits de goutelettes d'eau.

ORAGE nom masculin

Phénomène violent avec de la pluie, du vent et des éclairs.

PLANÈTE TERRE nom féminin

Endroit où vivent les humains.

PLUIE nom féminin

Eau qui tombe des nuages.

SOLEIL nom masculin

Cercle lumineux qui est dans le ciel pendant la journée et qui nous réchauffe.

STALACTITE nom féminin

Colonne de glace ou de pierre tombant d'une maison ou du plafond d'une grotte.

STALAGMITE nom féminin

Colonne de glace ou de pierre montant du sol sous un stalactite.

THERMOMÈTRE nom masculin

Instrument avec lequel on mesure la température.

TORNADE nom féminin

Tourbillon de vent violent.

VENT nom masculin

Déplacement de l'air.

La météo

Cherche et trouve
les objets dans la scène.

Neige

Orage

Stalagmite

Pluie

Arc-en-ciel

Froid

Planète Terre

Éclair

Météorologue

Lune

Manche à air

Girouette

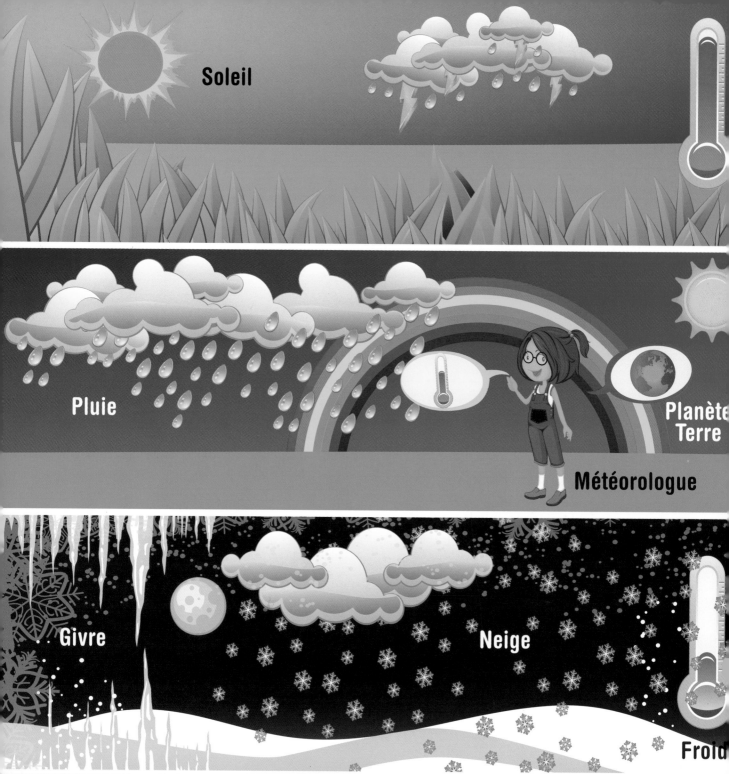

Soleil

Pluie

Météorologue

Planète Terre

Givre

Neige

Froid

Tornade

Vent

Manche à air

La météo

Olivia veut partir en voyage à l'autre bout de la ,

mais elle ne sait pas quels vêtements amener. Doit-elle

prendre son foulard pour se protéger du ou

son imperméable pour la ? Pour s'informer,

elle ouvre la télévision et écoute ce que dit la .

Celle-ci commence par parler d'un endroit où il y a

beaucoup de . On voit une s'agiter

et même une prendre forme. Une chance

qu'Olivia ne va pas là ! Olivia ne va pas, non plus, où il y

a de la et du . Fiou ! Olivia, elle, verra

le . Elle peut amener son maillot de bain !

La météo

La forme des <u>girouettes</u> ressemble souvent à un coq.

À l'intérieur d'un <u>thermomètre</u> on retrouve du mercure ou de l'alcool.

Après un <u>éclair</u>, on entend toujours le bruit du tonnerre.

Il y a sept couleurs dans un <u>arc-en-ciel</u> : rouge, orange, jaune, vert, bleu, indigo et violet.

La <u>neige</u> collante est idéale pour faire des bonshommes de neige.

La <u>planète Terre</u> tourne autour du Soleil.

La <u>lune</u> est un satellite naturel.

Le <u>Soleil</u> est un astre.

Les métiers

BOÎTE AUX LETTRES nom féminin

Objet dans lequel on dépose les messages qu'on veut envoyer. Chaque maison en à une pour recevoir les messages.

BUREAU DE POSTE nom masculin

Endroit où on va pour envoyer des lettres.

CASERNE DE POMPIERS nom féminin

Endroit où les pompiers travaillent lorsqu'il n'y a pas de feu. C'est aussi l'endroit où sont rangés les camions de pompiers.

CLÉ À MOLETTE nom féminin

Outil dont se sert le mécanicien pour réparer les voitures.

CUISINIÈRE nom féminin

Femme qui prépare à manger.

POSTE DE POLICE

FACTEUR nom masculin

Personne qui s'occupe de donner les lettres aux bonnes personnes.

FEU nom masculin

Source de lumière et de chaleur qui est créée lorsque quelque chose brûle.

HÔPITAL nom masculin

Endroit où les gens vont lorsqu'ils sont malades et qu'ils veulent se faire soigner.

INFIRMIÈRE nom féminin

Femme qui s'occupe des gens malades dans un hôpital.

JOURNALISTE nom masculin et féminin

Personne qui raconte à la télévision ou dans les journaux ce qui se passe pour les gens qui ne sont pas là pour le voir.

MÉCANICIEN nom masculin

Personne qui répare les voitures et les camions.

MÉDECIN nom masculin

Personne qui aide les gens malades à guérir.

MINEUR nom masculin

Personne qui creuse le sol pour trouver des trésors ou pour créer un chemin.

POLICIER nom masculin

Personne qui s'assure que les gens respectent les règlements.

POMPIER nom masculin

Personne qui éteint les feux.

POSTE DE POLICE nom masculin

Endroit où les policiers se rassemblent ou travaillent.

RESTAURANT nom masculin

Endroit où on peut aller manger quand on ne veut pas cuisiner chez soi.

STÉTHOSCOPE nom masculin

Objet que les médecins utilisent pour écouter le cœur des gens.

TUYAU D'ARROSAGE nom masculin

Long tube qui permet de verser de l'eau sur quelque chose qui est loin d'un robinet sans avoir à remplir un contenant.

VOITURE DE POLICE nom féminin

Véhicule que les policiers utilisent pour se déplacer.

Les métiers

Cherche et trouve
les objets dans la scène.

Facteur

Feu

Infirmière

Boîte aux lettres

Journaliste

Médecin

Voiture de police

Mécanicien

Cuisinière

Policier

Pompier

Mineur

Hôpital

Restaurant

Infirmière

OUVERT

Facteur

Médecin

Pompie

Cuisinière

Policier

Clé à molette

Mécanicien

Francis se promène dans sa voiture. Bang ! Il a un

accident. Un et un  viennent l'aider.

Heureusement, il n'est pas blessé. Il n'aura pas besoin

d'aller voir le et l' à l'  .

Mais il devra quand même faire réparer sa voiture par Ben,

le . Francis l'attend sur le trottoir, mais Ben

n'arrive pas, alors Francis décide d'aller manger le

gâteau de sa copine Ariane, au  .

Là, il rencontre le avec qui il partage son dessert.

Lorsque Francis a fini de manger toutes les miettes,

Ben arrive enfin. Il avait oublié sa  !

Les métiers

Le savais-tu?

Les <u>pompiers</u> doivent pouvoir s'habiller très rapidement lorsqu'ils sont appelés pour éteindre un feu.

Il n'y a pas que des femmes qui peuvent être <u>infirmières</u>. Les hommes peuvent aussi être infirmiers.

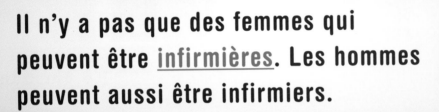

Pour éteindre un petit <u>feu</u>, tu peux utiliser un extincteur, qui est une grosse bouteille qui lance de la mousse.

Si tu veux acheter des timbres, tu dois aller au <u>bureau de poste</u>.

La lumière rouge placée sur le toit des <u>voitures de police</u> s'appelle un gyrophare.

Un <u>tuyau d'arrosage</u> est très pratique pour jardiner. On peut s'en servir pour arroser l'herbe ou les fleurs.

Les <u>facteurs</u> marchent beaucoup pour distribuer toutes leurs lettres.

Pour être <u>médecin</u>, il faut aller à l'école très longtemps.

À la fête foraine

Dictionnaire

AUVENT nom masculin

Petit toit au-dessus d'une fenêtre ou d'une porte. Il n'est pas plat.

BILLETTERIE nom féminin

Endroit où on vend des billets.

CANTINE nom féminin

Endroit où on sert des repas.

CARROUSEL nom masculin

Manège qui tourne en rond avec des sièges en forme de chevaux.

CLOWN nom masculin

Personnage qui fait rire avec son maquillage et son nez rouge.

CRÈMERIE nom féminin

Endroit où on vend de la crème glacée.

FONTAINE nom féminin

Bassin rempli d'eau qui envoie un ou plusieurs jets d'eau dans les airs.

JONGLEUR nom masculin

Personne qui lance des objets dans les airs, les rattrape et les relance.

KIOSQUE nom masculin

Petit bâtiment dans lequel on vend des objets.

LAMPADAIRE nom masculin

Grand poteau avec une lumière au bout qui éclaire le sol.

MAGICIEN nom masculin

Personne qui fait des tours de magie.

MAIS SOUFFLÉ nom masculin

Aliment qu'on mange souvent au cinéma.

MENU nom masculin

Objet dans lequel on voit une liste des aliments qu'on peut manger.

MONTAGNES RUSSES nom féminin

Manège qui monte très haut et qui descend des pentes à toute vitesse.

MUSIQUE nom féminin

Plusieurs sons mis ensemble pour faire une mélodie ou une chanson.

PANCARTE nom féminin

Objet sur lequel on donne des indications.

PELUCHE nom féminin

Jouet en tissu en forme d'animal.

PONT nom masculin

Gros objet qui permet de traverser un cours d'eau avec un véhicule ou à pied.

PORTAIL nom masculin

Très grande porte.

PORTE-VOIX nom masculin

Objet qui permet de parler beaucoup plus fort.

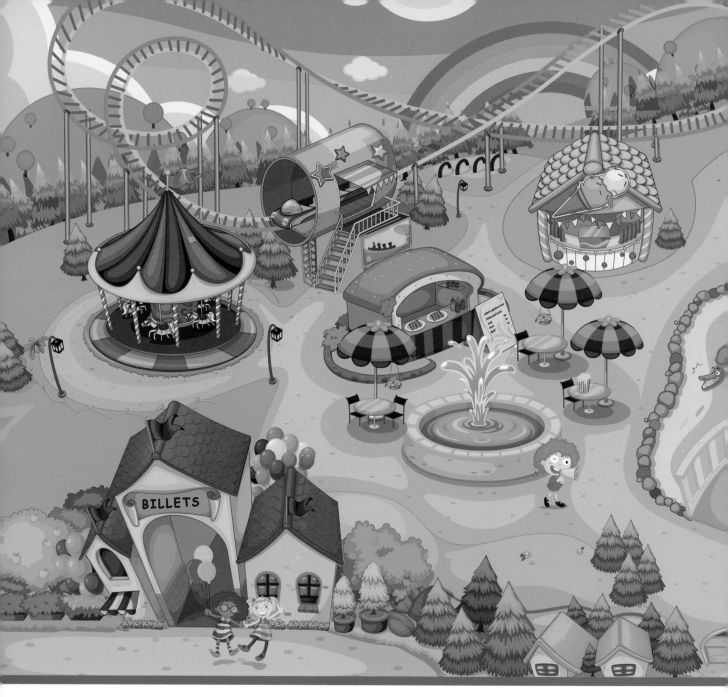

À la fête foraine

Cherche et trouve les objets dans la scène.

Carrousel

Billeterie

Pont

Kiosque

Cantine	Fontaine	Clown	Crèmerie

Magicien	Jongleur	Menu	Musique

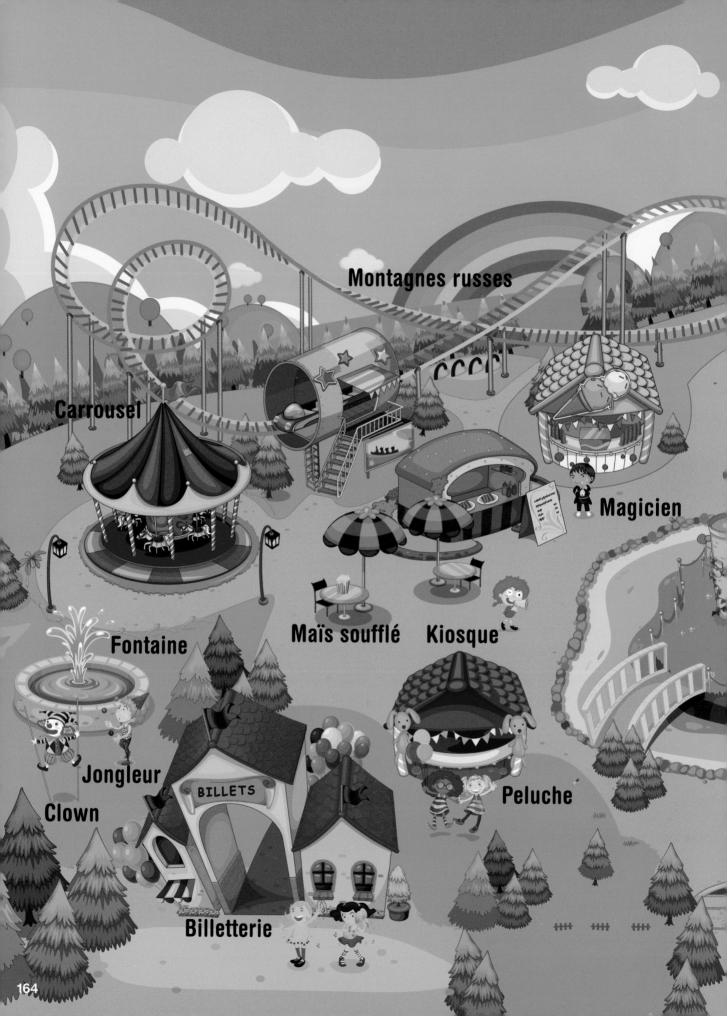

Montagnes russes

Carrousel

Magicien

Maïs soufflé   Kiosque

Fontaine

Jongleur

Clown

BILLETS

Peluche

Billetterie

À la fête foraine

C'est une journée spéciale pour Anne et Sandrine. Elles vont à la fête foraine. Après être passées à la elles se précipitent vers les . Mais ensuite, elles ne savent plus quoi faire. Il y a tant de choses amusantes ! Un rigolo et un très habile font un spectacle près de la . Un leur permet de gagner une . Un fait des tours de magie. Finalement, les deux filles font un tour de . Oh ! Le manège leur donne le tournis. Une chance qu'elles n'ont pas trop mangé de !

À la fête foraine

Le <u>maïs soufflé</u>, c'est en fait des grains de maïs qui ont éclaté à la chaleur.

Les oiseaux adorent se percher en haut des <u>lampadaires</u>.

À la fête foraine, tu peux gagner une <u>peluche</u> lorsque tu remportes un jeu d'adresse.

Si tu jettes un sou noir dans une <u>fontaine</u>, tu peux faire un vœu.

Les <u>clowns</u> portent de très grands souliers.

Un <u>magicien</u> peut faire sortir un lapin de son chapeau.

Les <u>jongleurs</u> utilisent souvent des balles.

Dans un <u>carrousel</u>, le siège en cheval bouge pour imiter la manière dont le cheval court.

Au revoir!

Les métiers page 157

À la fête foraine page 165

À coller où tu veux !

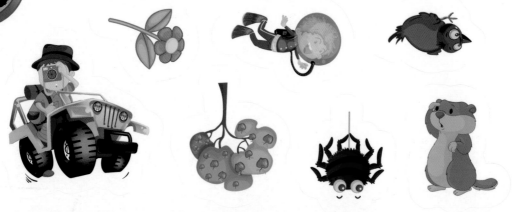